NOTICE

SUR

J.-A.-N. DENESLE.

Tout homme qui consacre sa vie à créer ou à maintenir des établissements utiles et à propager la science, sans songer à sa propre fortune, acquiert des droits incontestables à la reconnaissance publique. — A ce double titre, le nom de Denesle mérite d'être arraché à l'oubli; et rappeler ses honorables travaux, c'est accomplir un acte de rigoureuse justice.

Poitiers, il y a cinquante ans à peine, ne possédait pas encore de jardin botanique. Dans une ville où depuis plusieurs siècles une jeunesse studieuse venait, comme aujourd'hui, puiser les bienfaits de l'éducation, la nécessité d'un pareil établissement se faisait impérieusement sentir. L'auteur d'un article inséré dans les Affiches du Poitou du 29 mars 1787, après avoir rappelé qu'il existait autrefois un jardin royal de médecine (1), s'exprimait en ces termes :

(1) Ce jardin avait été établi, au nom du Roi, en 1621, dans un terrain situé près des Carmélites; mais les religieuses demandèrent à l'acheter, parce qu'il avait vue sur leur communauté. Des deniers provenant de la vente on acheta, en 1651, un coteau hors et près la porte de Tison, et le Roi voulut que, pour perpétuer sa libéralité, on mit au-dessus de la porte : JARDIN ROYAL DE MÉDECINE DE LA VILLE DE POITIERS. — En 1734, ce jardin et les

» N'est-il pas étonnant que dans une ville aussi grande que Poitiers
» il n'y ait pas un herboriste, non, pas un seul à qui la confiance
» publique puisse avoir recours dans des moments de nécessité?...
» Si cet établissement avait lieu, l'émulation naîtrait, et nul pays
» n'en a plus de besoin. Il y a parmi mes confrères MM. Marcelet
» et Buchez (c'étaient deux pharmaciens du temps) qui ont des
» connaissances réelles dans la botanique, et qui, avec un peu de
» travail, seraient en état de démontrer. » Il finissait en sollici-
tant de l'intendant Boula de Nanteuil la création d'un jardin
botanique, et proposait de l'établir sur l'emplacement de l'ancien
jardin de médecine.

L'utilité de cet établissement n'avait pas échappé à la sagacité
du digne successeur de M. de Blossac. Au moment où la réclamation
anonyme était insérée dans les Affiches du Poitou, M. de Nanteuil
avait déjà obtenu du gouvernement de fonder un jardin des plantes
à Poitiers, et c'est précisément au mois de mars 1787 (1) qu'on
songea sérieusement aux travaux d'installation. Mais ce n'était
pas assez de fonder ce jardin, il fallait en confier la création et la
direction à un homme actif et capable. Quelque recommandables
que fussent les botanistes poitevins, aucun d'eux n'était en état de
remplir cette double mission; aussi M. de Nanteuil jeta-t-il les yeux
sur Denesle, dont le mérite était parvenu jusqu'à lui.

Né à Paris, le 6 décembre 1755, Jacques-Amable-Nicolas DE-

bâtiments qui en dépendaient étaient en si mauvais état, que les docteurs de
la faculté de médecine présentèrent requête pour obtenir des réparations,
en ayant soin d'alléguer qu'il n'y avait pas de leur faute. (Note fournie
par M. Pilotelle.) — En 1787, le jardin n'existait plus, mais on voyait
encore une fontaine avec des grottes en rocaille, une serre taillée dans le
roc, et quelques-unes des plantes exotiques qui y avaient été cultivées anté-
rieurement. (Affiches du Poitou du 29 mars.)

(1) Almanach du département de la Vienne pour 1792. (Ancien Almanach
provincial et historique du Poitou.) Denesle indique quelque part la date du
15 mars.

NESLE s'était adonné de bonne heure à l'étude de la chimie et de l'histoire naturelle. Une heureuse mémoire, une imagination vive, un coup d'œil sûr, avaient révélé de bonne heure son aptitude aux sciences d'observation. Elève distingué de Rouelle, de Macquer, de Bernard de Jussieu, de Daubenton, il mérita de la part de ses maîtres un bienveillant intérêt qui ne se démentit jamais. Muni d'honorables certificats, il entreprit divers voyages en Normandie, en Flandre, en Prusse, en Allemagne, et partout il justifia les espérances qu'on avait conçues de ses talents (1). En 1778, il fut nommé professeur de chimie au séminaire royal patriotique de Vergara (2) ; mais Denesle songeait alors à revenir en France, et, malgré le traitement considérable attaché à cette place, il refusa de se rendre en Espagne. En 1787, il se trouvait avantageusement placé en Westphalie, lorsqu'une lettre de M. de Nanteuil lui annonça que, par suite des renseignements donnés sur son compte au ministre Calonne par de Jussieu et Thouin, il était nommé directeur du jardin projeté dans la capitale du Poitou. Il accepta avec empressement cette position modeste, et arriva à Poitiers vers la fin du mois d'avril (5).

A peine mis en possession du terrain choisi par l'intendant, Denesle déploya autant de zèle que d'activité. Ce terrain, qui

(1) Dans un certificat délivré le 16 décembre 1779 par Van Bochaute, professeur de chimie à l'université de Louvain, on lit ce qui suit : « J.-A.-N. Denesle,
» Parisiensem, hic Lovanii, tum publicis, tum privatis meis cursibus chi-
» mieis per triennium adstitisse, atque tantâ dexteritate, sanâ theoriâ ductâ,
» collaborâsse, *ut omnium fuerit admirationi...* »

(2) Vergara, petite ville de la province de Guipuscoa, à peu de distance de Saint-Sébastien, est importante par cet établissement « où l'on enseigne les
» sciences physiques et naturelles, et où l'on élève, aux frais de l'État, les
» jeunes gens de la noblesse du pays. » — (Maltebrun, t. 4, p. 261, édit. de 1841.)

(3) Ces détails ont été puisés dans des documents dont M. Mauduyt, conservateur du Musée, est aujourd'hui dépositaire.

s'étendait entre la rue de la Tranchée et celle des Capucins dans toute la longueur de la rue de la Baume, fut bientôt converti en un magnifique jardin. Dès la première année, près de deux mille plantes occupèrent les plates-bandes (1), où elles furent disposées dans l'ordre des familles naturelles de Jussieu. L'assemblée provinciale du Poitou, frappée des avantages que présentait ce jardin, en vota la conservation (2), et deux ans après il possédait plus de trois mille espèces. Denesle ne bornait pas, du reste, à des soins matériels, la tâche qu'il avait acceptée ; chaque année il faisait un cours de botanique et des herborisations dans la campagne ; il cultivait, en outre, un certain nombre de plantes médicinales pour les distribuer aux indigents (3).

Le 11 décembre 1787, l'assemblée provinciale du Poitou avait pris une délibération pour obtenir l'établissement d'une Société d'agriculture. En 1789, cette délibération fut approuvée par le Roi, et l'article 4 du règlement (4) nomma Denesle aux fonctions de secrétaire perpétuel. Mais la fermentation qui régnait déjà dans les esprits ne permit pas à ce dernier d'organiser définitivement la Société.

Au moment où la France entière était livrée à une agitation tumultueuse, et où la tête d'un roi venait de rouler sur l'écha-

(1) Lettre de Denesle à M. de Jussieu, en date du 17 juin 1787. — Nous devons cette lettre à la libéralité de M. de Jussieu fils, qui a bien voulu, sur la demande de MM. Tulasne frères, s'en démettre en faveur du Musée, où elle restera déposée, ainsi que tous les autres documents qui se trouvent entre les mains de M. Mauduyt.

(2) Procès-verbal des séances de l'assemblée provinciale du Poitou tenue à Poitiers en novembre et décembre 1787. — Barbier, 1788, in-4°. — Cet ouvrage m'a été communiqué par M. Garran de Balzan, conseiller à la cour royale.

(3) Almanach du département de la Vienne pour 1792, p. 152.

(4) Paris, Imprimerie royale, 1789, in-4°. — Elle portait le titre de *Société d'agriculture du Poitou.*

faud, notre professeur s'occupait tranquillement de ses élèves et de ses plantes, et faisait insérer l'avis suivant dans le journal républicain (1) : « Le citoyen Denesle ouvrira son cours public et gra-
» tuit d'éléments de botanique, le mardi 5 mars 1795, à dix heures
» précises du matin, dans son amphithéâtre, rue St-Pierre-l'Hos-
» pitalier, et continuera les jeudi et samedi de chaque semaine. »
Heureux privilége réservé aux hommes qui se livrent à l'étude des productions de la nature, de pouvoir vivre ainsi en dehors des passions politiques.

Forcé toutefois, au milieu de l'effervescence générale, de donner des preuves de civisme, il fit partie pendant les cinq premiers mois de l'an II (1795-94) du comité de surveillance ; mais le printemps arrivé, rien ne put l'y retenir : directeur du jardin des plantes, il réclama le bénéfice de la loi qui prescrivait aux fonctionnaires publics de rester à leur poste, et donna sa démission. Membre de la Société populaire, il prit quelquefois la parole, mais toujours dans un but d'utilité publique, tantôt pour faire un rapport sur la fabrication du salpêtre (2), tantôt pour prouver l'utilité du jardin des plantes, en signalant les rapports intimes qui existent entre la botanique et l'agriculture (5).
« On peut comparer, disait-il, la science de la botanique à celle
» du système planétaire ; plus on l'étudie, plus on y découvre de
» nouveaux mondes. » Après avoir démontré les avantages de l'agriculture, il ajoutait : « Ne craignons pas de multiplier les
» moyens d'enseignement pour former des cultivateurs; n'ayons
» plus de bras inutiles, bientôt nous verrons nos campagnes.
» reverdir..., d'immenses produits succéderont à de faibles ré-
» coltes, et nous ne serons plus tributaires de nos voisins. » Denesle se trouva naturellement l'orateur des fêtes de l'agriculture,

(1) *Correspondance du département de la Vienne*, 15 février 1793.
(2) 30 pluviôse an II (18 février 1794). Poitiers, Chévrier, in-8o.
(3) 10 floréal an II (29 avril 1794). Poitiers. Chévrier, in-8o.

et témoigna constamment par ses paroles de son ardent désir de la voir prospérer (1). A part ces discours de circonstance, il demeura, pour ainsi dire, étranger aux événements politiques qui s'accomplissaient autour de lui.

L'organisation des écoles centrales, instituées par la loi du 8 ventôse an III (26 février 1795), valut à Denesle un témoignage de confiance dont il dut être fier. Dans sa séance du 24 prairial de la même année (12 juin), le jury le nomma à l'unanimité professeur d'histoire naturelle à l'école de la Vienne. Personne n'avait osé lui disputer un titre qu'il ne devait qu'à son mérite (2). Dans cette nouvelle position, il continua avec le même succès le cours de botanique qu'il faisait depuis son arrivée à Poitiers, et de nombreux élèves, parmi lesquels on peut citer MM. Desvaux, Delastre, Mauduyt et Babault de Chaumont, se pressèrent à l'envi aux leçons du professeur. Mais une vive contrariété vint bientôt troubler sa joie : dans le courant de l'an V (1797), le terrain du jardin des plantes fut vendu comme bien national, et l'établissement transféré à l'école centrale. Il est facile de comprendre avec quel regret Denesle abandonna le jardin qu'il avait créé, avec quelle douleur il opéra un déplacement qui devait être funeste à un grand nombre de plantes qu'il avait obtenues de la libéralité de ses anciens maîtres, et surtout de Pierre Thouin, avec lequel il était lié. Il ne perdit pas courage toutefois, et M. Gibault nous apprend (3) que, grâce à des soins incessants, à des précautions mi-

(1) *Voir* notamment le *Journal de Poitiers* du 15 messidor an V (3 juillet 1797), et du 10 messidor an VI (28 juin 1798).

(2) Renseignements puisés dans les archives de la préfecture. — Un arrêté du 22 floréal an III (11 mai) porte, article 5 : « Le jardin actuel des plantes demeure consacré à la culture des arbres et arbustes indigènes et exotiques, et à l'enseignement de la botanique ; la maison *Landerneau....* demeure affectée au logement du professeur d'histoire naturelle. » Cette maison avait appartenu à un chanoine du chapitre de St-Hilaire du nom de Landerneau.

(3) *Journal de Poitiers* du 25 frimaire an VI (15 décembre 1797).

nuticuses, plus de douze cents espèces furent conservées. L'espoir que le nouvel établissement serait plus durable, et prendrait chaque jour plus d'accroissement, excita son zèle; et peu de temps après, les pertes furent presque entièrement réparées. Pour y parvenir plus efficacement, Denesle se détermina à faire à ses frais, en l'an VII (1799), un voyage à Paris. Il y reçut de ceux de ses amis que la mort avait épargnés l'accueil le plus cordial, et obtint, par l'entremise de Desfontaines, de Thouin et des autres professeurs du Muséum, un grand nombre d'espèces rares qui donnèrent au jardin une véritable importance. Il obtint également de beaux échantillons qui enrichirent alors les collections de l'école centrale, et qui figurent aujourd'hui dans celles du Musée poitevin, dont il peut être considéré comme le fondateur avec dom Mazet, mort bibliothécaire de la ville (1).

C'est vers la même époque, qu'en exécution d'une circulaire (2), Denesle, qui n'était pas seulement chargé de l'enseignement de la botanique, mais encore des autres branches de l'histoire naturelle, communiqua à François de Neuchâteau, ministre de l'intérieur, les cahiers qu'il avait rédigés pour ses leçons de zoologie et de minéralogie; en les lui retournant le ministre lui adressait des félicitations (3) : « Vous parlez de l'histoire naturelle, lui » disait-il, en homme passionné pour cette science, et vous la » traitez avec toute l'habileté d'un savant qui en a sérieusement » médité toutes les parties. »

Mais un penchant invincible l'entraînait surtout vers la botanique, et, à côté des plantes exotiques, Denesle ne dédaignait pas de cultiver nos végétaux indigènes, qu'il aimait à voler, suivant son expression, dans les jardins de la nature. Aussi avait-il soin de

(1) *Voyez* Mémoires de la Société des antiquaires de l'Ouest, 1840, p. 193; Affiches de Poitiers du 13 mai 1819, et Bulletin de la Société d'agriculture de Poitiers, t. 2, p. 202.

(2) Du 20 fructidor an V (6 septembre 1797).

(3) Lettre du 5 brumaire an VII (26 octobre 1798).

multiplier ses herborisations. Le souvenir de l'une de ces courses si utiles a été conservé par un élève assidu, qui nous apprend (1) que l'infatigable professeur rapporta de la forêt de Moulière plusieurs espèces intéressantes, notamment l'*Orchis pallens*, L., qui ne paraît pas y avoir été recueilli depuis, et le *Dianthus superbus*, L., retrouvé plus tard dans la même localité (2). Ces herborisations n'avaient pas seulement pour but d'enrichir le jardin des plantes. En explorant la contrée, Denesle avait songé à publier un *Botanicon Pictaviense* sur le plan de celui de Vaillant, et ce grand travail, pour lequel il avait réuni pendant plusieurs années de nombreux matériaux, devait comprendre l'indication de toutes les plantes des environs de Poitiers dans un rayon de quatre lieues. Je n'ai pu retrouver ces matériaux; mais la publication récente de la *Flore du département de la Vienne*, par M. Delastre, ne permet plus d'en regretter la perte.

Au milieu de ses nombreuses occupations et malgré son âge avancé, Denesle, grâce à une prodigieuse activité, et constamment désireux de se rendre utile, trouvait le temps de rédiger des articles d'économie rurale et domestique insérés dans les journaux de la localité (3). Il soutint même, contre le médecin Canolle, une polémique assez vive, pour défendre une assertion de Daubenton qu'il avait mise en avant (4). Dans cette note, comme dans ses autres écrits, on trouve des preuves de son amour pour la science, et de sa reconnaissance pour ses anciens maîtres, dont il prenait toujours chaudement le parti.

En l'an V, Denesle fut un des fondateurs du *Lycée de Poitiers* (5).

(1) *Journal de Poitiers* du 27 messidor an V (15 juillet 1797).

(2) M. Delastre, *Flore de la Vienne*, p. 112.

(3) *Voir* notamment : *Correspondance de la Vienne* du 29 mars 1798, un article sur la culture du colza et du pavot. — *Journal de Poitiers* du 5 ventôse an VI (23 février 1798), un article sur l'échenillage, etc...

(4) *Journal de Poitiers* des 15 et 27 frimaire an VI (5 et 17 décembre 1797).

(5) Fondé le 20 pluviôse (8 février 1797), le Lycée des sciences et arts tint

Ses communications à cette société furent peu nombreuses, mais pleines d'intérêt (1). La dernière est un mémoire sur l'eau (2), suivi d'une analyse des sources de Poitiers et de ses environs. Quatre d'entre elles lui paraissaient préférables pour les usages économiques : la fontaine aux Chiens, à quelque distance de Smarve ; celle dite fontaine à Naud, faubourg du Pont-Joubert ; celle de Pont-Achard, chemin de la Roche (tarie depuis le dessèchement du marais de St-Hilaire) ; enfin la source de la Cassette.

Le 5 prairial an VI (24 mai 1798), Denesle fit paraître un mémoire intitulé : *Observations ou vues générales sur les changements, améliorations et autres objets d'agrément dont le parc national (de Blossac) peut être susceptible* (3). L'auteur les avait soumises à l'administration municipale quelques années auparavant. Il repro-

sa première séance publique le 5 fructidor suivant (22 août); la dernière parait avoir été celle du 27 janvier 1810. — En l'an X (1802), la société avait pris le nom d'*Athénée de Poitiers*, et en 1808 celui de *Société des sciences et arts*. Denesle a fait partie, comme associé correspondant, de plusieurs autres sociétés savantes, entre autres de celle des Philadelphes, au Cap-Français (1788).

(1) *Voir* dans le compte rendu de la 3ᵉ séance publique (11 fructidor an VI, 28 août 1798, p. 41) un rapport sur les mémoires présentés pour un prix sur cette question : *Quelles sont les cultures qu'on peut introduire avec le plus de succès dans le département de la Vienne ?* « Pour persuader » les habitants de la campagne, dit Denesle, prêchez par l'exemple. Le plus » obstiné, le plus attaché à ses préjugés, cédera, si l'on emploie un moyen » aussi péremptoire. » — *Voir* également un rapport « sur une mine de charbon que l'on présume se trouver aux environs de Croutelle » (séance ordinaire du 25 thermidor an VI, 12 août 1798); — un rapport sur des observations de M. Bobe-Moreau, relatives à la propriété du charbon employé à la purification des eaux (compte rendu de la 9ᵉ séance publique du 13 fructidor an XIII, 31 août 1805, p. 21); etc...

(2) 9ᵉ séance publique, p. 78 et suiv.

(3) Poitiers, Catineau ; in-8º. Réimprimé en 1807, avec une page d'observations nouvelles.

chait avec raison à cette belle promenade « d'être mal décorée et peu
» variée dans les productions de la nature qui devraient l'embel-
» lir... Qu'y vois-je? disait-il, des répétitions sans fin de tilleuls,
» d'ormeaux et de mûriers surtout, dont l'éducation si négligée
» dans le principe, dont le dépouillement fait sans jugement et
» sans précaution, ne laissent apercevoir que des arbres tronqués
» et difformes. » Denesle proposait de varier les arbustes des haies :
« Ne connaît-on ici que la charmille pour les former? » Il voulait
voir planter des acacias, des cytises, des platanes, des arbres verts,
établir des gazons, faire jaillir enfin en différents endroits des
eaux vives, prises soit à la source de la Cassette, soit dans le Clain.
« O Romains! s'écriait-il à ce sujet, un pareil séjour, de votre
» temps, eût offert partout des eaux jaillissantes qui auraient procuré
» aux habitants de votre cité une eau pure et salubre, objet de
» première nécessité, tandis qu'aujourd'hui ils en sont absolument
» privés. Des aqueducs, dont les vestiges existent encore, at-
» testent... la solidité de vos constructions... Ce que vous aviez fait
» pour Poitiers nous reste encore à faire aujourd'hui ; quelles
» peuvent être les raisons de cette insouciance?... » Jouyneau-Des-
loges, en parlant de cet opuscule (1), y trouvait de bons conseils pour
la décoration de Blossac ; et le projet d'y faire arriver l'eau du
Clain paraissait à M. Gibault (2) « à la fois grand et utile ; » mais
de longues années devaient s'écouler avant que l'importante
amélioration sollicitée par Denesle se réalisât (5).

Le 29 floréal (18 mai 1798), il ouvrit son cours annuel de
botanique par un discours remarquable. Au moment où il vint à
parler du grand Jussieu, il ne put songer sans attendrissement aux
jours heureux qu'il avait passés près de lui. Des larmes tombèrent

(1) *Journal de Poitiers* du 26 prairial an X (15 juin 1802).

(2) *Id.* 20 vendémiaire an VII (11 octobre 1798).

(3) De M. de Blossac et de la promenade qui porte son nom. (*Spectateur*,
1841, p. 13.)

de ses yeux, et le professeur demanda pardon à ses élèves de l'émotion qu'excitait en lui le sentiment d'une vive reconnaissance. Ceux-ci, partageant cette émotion, et jaloux de conserver des pages où se révélait l'âme du maître, les firent imprimer à leurs frais (1) sous le titre d'*Introduction à l'étude de la Botanique* (2). Ce discours prouve que Denesle, homme de progrès, était animé d'un noble enthousiasme pour la science. Il fait comprendre d'abord l'importance de l'étude de la botanique. Il la représente comme offrant à la fois « les objets d'utilité les plus nombreux et les agréments les plus variés; » il remonte à son origine, constate ses progrès, et présente un tableau rapide de son histoire. Tournefort, Linné, de Jussieu, apparaissent tour à tour. Les avantages et les inconvénients de leurs systèmes sont judicieusement exposés. Il fait ressortir ensuite l'utilité des jardins botaniques. En adoptant pour celui de Poitiers l'ordre des familles naturelles, il a eu surtout pour but de mettre ses élèves « au courant des connaissances les plus nouvelles et les plus vraies; » son désir le plus vif est de leur inspirer le goût d'une science « qui a fait les délices de tant d'hommes « célèbres. » — La botanique a des détracteurs; mais il ne s'arrête pas à réfuter « ceux qui demandent inconsidérément : *Cui bono?* à » quoi bon la botanique, un jardin des plantes, des maîtres pour y » enseigner, et des disciples pour apprendre? » Il laisse à ces derniers le soin de répondre pour lui. — L'Introduction à l'étude de la botanique est écrite avec entraînement, avec chaleur, et la circonstance qui en a motivé l'impression honore à la fois les élèves et le professeur (5).

Cependant les infirmités commençaient à se faire sentir; Denesle,

(1) *Journal de Poitiers* du 5 prairial an VI (24 mai 1798) et du 10 fructidor (27 août) de la même année.

(2) Poitiers, Catineau; in-8° de 56 pages.

(3) Cet ouvrage est devenu rare. J'ai reçu de M. Garran de Balzan, qui a réuni une curieuse collection de livres poitevins, l'exemplaire que je possède.

plus que sexagénaire, reconnut que ses forces trahissaient son zèle, et demanda un suppléant. L'administration, considérant que les *connaissances précieuses* du professeur, ce sont les termes mêmes de l'arrêté (1), étaient un motif puissant pour prendre sa demande en considération, et que le *nombre considérable des élèves qui s'empressaient de profiter de ses leçons* rendait presque indispensable l'adjonction sollicitée, lui donna pour collaborateur un de ses anciens élèves, M. Chauveau. Ce choix était la plus douce récompense à laquelle Denesle pût aspirer.

La Société d'agriculture du Poitou, fondée en 1789, n'avait eu, comme on l'a vu plus haut, qu'une existence éphémère. Mais Denesle conservait l'espoir de la reconstituer, et saisissait avec empressement toutes les occasions de faire sentir les avantages d'une pareille association. A la fête de l'agriculture de l'an VI (2), la nécessité de la rétablir avait servi de texte à son discours, et l'auteur du compte rendu disait à cette occasion : « Il a parlé de » l'agriculture comme un homme initié à ses mystères et digne » de se mettre à la tête de la Société dont il a sollicité lui-même » l'établissement. » Plus tard, il proposa de choisir parmi les membres du *Lycée* (3) quelques hommes versés dans l'art agricole, et de former dans le sein de cette Société un conservatoire d'agriculture. « Le citoyen Denesle, disait Boncenne, vous a présenté » ce projet de la manière la plus séduisante, et vous avez entendu » avec le plus vif intérêt ses observations sages et sévères. » De si louables efforts devaient être couronnés de succès. La Société d'agriculture fut enfin rétablie en l'an IX (1801), et Denesle, nommé secrétaire, fonctions que ses occupations ne lui permirent

(1) Arrêté du 18 prairial an VII (6 juin 1799), archives de la préfecture.

(2) *Journal de Poitiers* du 10 messidor an VI (28 juin 1798).

(3) Compte rendu de la 5e séance publique le 13 fructidor an VII (30 août 1799), p. 10.

pas de conserver, traça le plan des travaux, qui fut adopté à l'unanimité (1). La Société publia bientôt un *Bulletin de correspondance*, dans lequel on trouve à chaque page des preuves du zèle infatigable de notre botaniste (2). Une des notes les plus intéressantes qu'il ait fournies à ce recueil est relative aux *transmutations des Graminées* (5). Un agriculteur ayant annoncé qu'il avait semé pendant trois ans de l'ivraie, et qu'il avait récolté de l'orge, Denesle révoqua en doute l'exactitude des expériences faites à ce sujet, et, s'étayant de l'opinion de Linné (4), en déclara le résultat physiquement impossible. Il indiquait au surplus une série d'expériences pour arriver à la découverte de la vérité, et il est probable qu'elles ont, sur tous les points, confirmé les principes émis par Linné et défendus par Denesle.

C'est encore ce dernier qui proposa au ministre d'établir à Poitiers une pépinière départementale, projet qui fut réalisé quelque temps après (5).

(1) Bulletin de correspondance de l'an XI (1803), rapport de M. Gibault, p. 149.

(2) Bulletin de correspondance. — *Voyez* un Mémoire sur les engrais, p. 147; — un Rapport sur la culture du galéga, p. 157; — sur la culture de l'*Aylanthus* ou vernis du Japon, p. 155, et an XIII (1805), p. 65 et 125; — sur la culture de la gaude, p. 118; etc., etc.

(3) Bulletin de correspondance de l'an XIII (1805), p. 65.

(4) *Amœnit. acad.*, p. 487. — Denesle a traduit en entier la dissertation de Linné.

(5) Bulletin de correspondance de l'an XIII (1805), p. 118. Denesle sollicitait la direction de cet établissement.— Quelques années plus tard, il sollicita également la place de professeur d'histoire naturelle à la faculté des sciences de Poitiers, et voici la réponse qui lui fut faite, le 3 avril 1812 : « J'ai reçu la » demande que vous m'avez adressée à l'effet d'être nommé professeur d'his- » toire naturelle à l'académie de Poitiers. M. de Jussieu m'a témoigné qu'il » prenait intérêt au vœu que vous m'avez exprimé. Mais j'ignore l'époque à » laquelle la faculté des sciences de Poitiers pourra être établie. Les facultés

J'arrive à une époque douloureuse de la longue carrière de Denesle. En l'an XII (1804), les écoles centrales furent supprimées (1), et, les cours d'histoire naturelle ne faisant plus partie du programme de l'enseignement dans les lycées, le professeur perdit la place qu'il avait remplie avec distinction. Puis, par une fatalité qui n'était que le prélude d'un nouveau malheur, le jardin botanique, « remarquable alors parmi ceux de France (2), » fut bouleversé pour la seconde fois. Grâce aux pressantes sollicitations de Denesle, l'administration municipale décida qu'il serait transféré dans l'ancien couvent des Pénitentes, rue Corne-de-Bouc. Alors, pour ne pas laisser une lacune d'une année dans le cours de botanique, Denesle se hâta de faire mettre le terrain en état, et, malgré la modicité de sa fortune, fit l'avance de tous les frais de transfèrement (3). De nouvelles et déplorables pertes résultèrent de ce troisième exil (4). Cependant de Fourcroy, qui visita dans le courant de la même année le nouvel établissement, eut des éloges à donner au zèle de son directeur.

A peine le jardin botanique était-il installé aux Pénitentes, qu'un décret impérial du 7 avril 1809 mit cet ancien couvent à la disposition du clergé, et, pour la quatrième fois, le malheureux directeur se vit forcé de détruire son ouvrage. Alors, pour se conformer au vœu émis par le ministre de l'intérieur, que les jar-

---

» de cet ordre qui sont actuellement établies suffisent aux besoins de l'en-
» seignement. Vous pouvez être assuré que, s'il se présente une circonstance
» favorable, les services que vous avez rendus à l'instruction publique seront
» pris en considération. *Signé* FONTANES. »

(1) Elles devaient être fermées le 1er floréal (21 avril); mais le Lycée n'étant pas organisé à cette époque, les professeurs de l'école centrale continuèrent leurs cours jusqu'au 1er vendémiaire (23 septembre 1804).

(2) M. Desvaux, Notice inédite.

(3) Il fut terminé le 29 floréal an XIII (19 mai 1805). — Denesle ne fut remboursé de ses avances que plusieurs années après.

(4) Bulletin de correspondance de l'an XIII (1805), p. 118.

dius des plantes fussent placés auprès des cours de médecine, on affecta au nouveau jardin un terrain de cent mètres de longueur sur quarante-six de largeur, situé à Chasseigne, dans le voisinage de l'hospice (1). Par une conséquence inévitable de ces déplacements successifs, l'établissement perdait chaque jour de son importance. Après les belles créations de la Baume et de l'école centrale, Denesle avait obtenu aux Pénitentes un terrain moins vaste mais fertile, et on lui livrait cette fois un étroit espace, dans une exposition peu favorable à la culture des plantes exotiques (2) ; et pourtant, avec cette noble persévérance qui caractérise certaines âmes, Denesle ne désespéra pas de conserver l'établissement auquel il avait consacré vingt années de sa vie. Il transporta encore une fois ses plantes exilées, et sacrifia même, dans cette circonstance, une partie de son modique traitement (5).

En compensation de tant de déceptions et d'ennuis, ce digne vieillard reçut un témoignage de sympathie qui adoucit un peu l'amertume de ses dernières années. M. Desvaux lui dédia, en 1814, le genre *Neslia* (4), et, grâce au souvenir affectueux de son ancien élève, le nom du modeste professeur fut destiné à vivre parmi les botanistes. Celui qui comprenait si bien les devoirs de la reconnaissance était digne de succéder à son maître. Nommé d'abord directeur adjoint (5), M. Desvaux devint en 1817 directeur

(1) Délibérations de la commission des hospices, en date des 27 octobre et 8 novembre 1810. — Archives de la mairie.

(2) Un heureux hasard a mis entre mes mains les plans des quatre jardins créés successivement par Denesle ; celui-ci les avait envoyés à M. de Jussieu, et son fils a bien voulu s'en dessaisir, à la prière de MM. Tulasne frères. Ces plans orneront bientôt la salle du Musée de Poitiers.

(3) M. Gibault, Notice nécrologique.

(4) *Journal de Botanique*, t. 3, p. 162. — Le genre *Neslia*, dit M. Desvaux (notice inédite), a été adopté par tous les botanistes.

(5) Arrêté du préfet du 6 mai 1816.

en chef du jardin (1), laissant à son prédécesseur le titre de directeur honoraire et une pension de retraite prélevée sur son traitement (2).

Denesle ne jouit pas longtemps du repos qui lui était devenu si nécessaire. De nouvelles infirmités vinrent augmenter ses souffrances, et le 8 août 1819, après avoir reçu les secours de la religion, il termina, à l'âge de quatre-vingt-quatre ans, sa longue et laborieuse carrière (3). Les discours prononcés à ses funérailles par MM. Gibault (4) et Desvaux (5) témoignent de l'attachement que lui portaient ceux qui avaient été ses collègues ou qui avaient suivi ses leçons. Denesle était digne de cette affection. Il avait de la brusquerie, mais sans grossièreté. Au premier abord, il paraissait froid ; mais quand il se livrait, c'était sans réserve. Il aimait sin-

(1) La nomination de M. Desvaux avait été retardée par suite d'une demande faite par les professeurs de réunir le jardin des plantes aux cours de médecine. (Mémoire du 20 mai 1817.) Cette demande, écartée d'abord, dans la crainte que cet établissement ne devînt un simple jardin de pharmacie (mémoire du 24 juin 1817, et décision ministérielle du 21 juillet suivant), fut accueillie deux ans plus tard (décision ministérielle du 16 juin 1819). — Les vicissitudes du jardin botanique ne devaient pas cesser à la mort de Denesle. Le 29 août 1824, une lettre du maire de Poitiers invita les professeurs à faire enlever de suite les plantes, pour mettre le terrain à la disposition des entrepreneurs chargés de la construction de la caserne de Montierneuf. On n'avait même pas songé à indiquer un nouveau local. Sur la juste réclamation des professeurs, on accorda une partie de l'enclos de la pépinière départementale, à St-Cyprien, où le jardin botanique est resté depuis. Espérons que la fatalité, qui semble s'être attachée à cet établissement, n'amènera pas un jour un sixième changement.

(2) Arrêté du 20 décembre 1817.

(3) Denesle mourut sans enfants; il s'était marié, le 29 brumaire an VI (19 novembre 1797), avec Renée-Angélique Gaillard.

(4) *Affiches de Poitiers* du 19 août 1819.

(5) M. Desvaux n'a pas fait imprimer son discours, mais il a bien voulu m'en donner communication.

cèrement la science, et ne la regardait pas comme un moyen de parvenir. Pauvre il était arrivé à Poitiers, pauvre il mourut, sans se préoccuper de son honorable indigence. Comme tous les hommes d'une certaine valeur, il avait de l'originalité dans le caractère. Deux de ses collègues de l'école centrale s'étant provoqués en duel, Denesle voulait à toute force empêcher cette rencontre. Des deux adversaires l'un était riche, l'autre sans fortune. Denesle proposa au premier d'offrir toute satisfaction, mais sous la condition expresse que vingt-cinq louis seraient déposés de part et d'autre, alléguant qu'il ne pouvait risquer sa vie, lui qui possédait quelque chose, contre celle d'un homme qui n'avait absolument rien. Inutile d'ajouter que le duel n'eut pas lieu (1). Denesle professait d'une manière simple et lucide, parce qu'il savait bien. Aussi son cours, que les élèves n'étaient pas astreints à suivre, réunissait jusqu'à la dernière leçon un grand nombre d'auditeurs.

Indépendamment des travaux analysés dans les lignes qui précèdent, Denesle a laissé plusieurs mémoires inédits, présentés, à diverses époques, à l'autorité administrative (2). Il a laissé également divers ouvrages manuscrits ; sans parler des cahiers d'histoire naturelle rédigés à l'époque où il était professeur à l'école centrale, et d'une traduction du *Genera plantarum*, d'Antoine-Laurent de Jussieu (3), on peut citer : — un *Vocabulaire des termes techniques les plus usités en botanique avec leurs étymologies ;* — un travail intitulé : *Caractères des genres de plantes du jardin de Poitiers*, avec des observations de l'auteur ; — un

(1) Ces détails sont dus à une bienveillante communication de M. Desvaux. Un coup de fleuret que Denesle avait reçu dans sa jeunesse, et qui lui avait fait perdre un œil, augmentait encore son horreur pour les duels.

(2) Entre autres un mémoire sur les moyens de prévenir la disette des bois, mémoire que je n'ai pu retrouver. — Sur la culture du tabac, etc.

(3) Denesle avait entrepris cette traduction pour ses élèves. Il proposa inutilement de la faire imprimer aux frais du département. J'ignore ce que ce travail est devenu.

Catalogue de toutes les plantes qu'il avait cultivées : ce manuscrit qui ne forme pas moins de vingt-cinq volumes (1), et qui coûta plusieurs années de travail à Denesle, est disposé suivant le système de Linné. Une feuille double réunit les espèces de chaque genre ; sur le recto se trouvent les noms latins et français des genres, leurs caractères, leurs étymologies, et des observations extraites des anciens auteurs, Pline, Dioscoride, etc.; sur le verso sont résumés les usages et les vertus des plantes. Une feuille séparée est ensuite consacrée à chaque espèce. On y trouve la synonymie des botanistes anciens, l'habitat des plantes, etc. Ce long travail prouve toute l'érudition de l'auteur, qui s'est borné à faire imprimer, à une époque que je ne puis préciser (2), l'énumération des espèces cultivées au jardin botanique de Poitiers.

Quant à l'herbier de Denesle, formé pendant ses voyages, et déposé aujourd'hui au Musée de la ville, il renferme près de six mille échantillons. Malheureusement un assez grand nombre a été gâté par les insectes; mais ceux qui restent intacts sont encore dignes d'un véritable intérêt (3).

Tel fut Denesle. Sans doute il ne saurait être placé à côté des savants botanistes qui ont fixé l'attention de la France et de l'Europe entière ; mais si sa réputation scientifique ne s'est pas étendue aussi loin, il a rendu néanmoins assez de services pour que son nom ne périsse pas dans la mémoire des Poitevins.

Léon FAYE.

31 janvier 1844.

(1) Format petit in-8o. — Ce catalogue fait partie de la bibliothèque du Musée.

(2) In-8o de 48 pages. — Le titre de l'exemplaire que j'ai sous les yeux manque, et c'est le seul que j'aie pu rencontrer.

(3) *Voir* une Note sur les herbiers du Musée de Poitiers. — *Journal de la Vienne* du 25 novembre 1843.

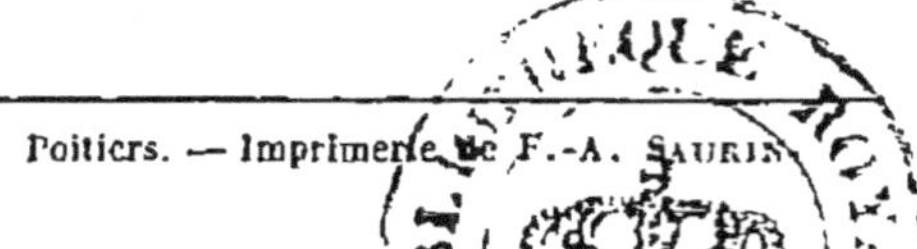

Poitiers. — Imprimerie de F.-A. Sauris.